Karina Lizeth Chávez Rojas
Incierto Sentir
Buenos Aires Poetry, 2025
68 pp.; 13,34 cm x 20,32 cm.
ISBN 9786316688026
Poesía México.

Primera edición

Editorial ©Buenos Aires Poetry
Colección ©Pippa Passes
Diseño editorial ©Camila Evia

BUENOS
AIRES
POETRY

BUENOS AIRES POETRY
editorial@buenosairespoetry.com
www.editorialbuenosairespoetry.com

Incierto Sentir

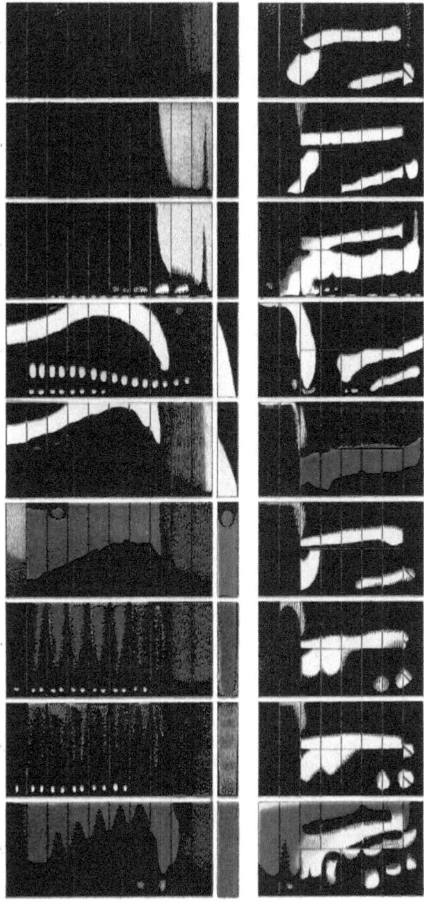

Karina Lizeth Chávez Rojas

INCIERTO SENTIR

❋

Karina Lizeth Chávez Rojas

A Hugo, envés de su Cara Coloratura

I

DERRROTA

Entierro las uñas
y los talones de pájaro cuarteados
en lo más profundo del pantano,
vacío el impasible remolino que se infiltró en mí
cual testaferro de mis andares
y rompe pecho ante horas inútiles
que no cauterizan tormentos.

Desamparada me siento
cuando el salitre azaroso gravita en el ambiente,
se pega en los ojos
—cansados de no ver—
las venas se agrietan
y la sangre melancólica estalla.

Aquí, todo me aísla del mundo,
de esta ciudad,
sería distinto si mis pies fueran de acero templado,
si mi cara fuera suave como la cera
y la sonrisa capaz de rebelarse
ante los sollozados designios.
En cambio, soy un parásito escurridizo y fracasado,
busco desde hace años alivio
—tesoro perdido en el cielo—
para mis fantasías e imprecisiones

y para la añoranza coja
que me impide tocar el firmamento.

Hubiera sido mejor no dejar de ser embrión,
o nacer sabiendo cómo deshacerme de tantos peldaños
que como torrente me llevan por los pasajes más ásperos
que sin elección he debido caminar.
Alguien me robo la luz de las esmeraldas,
el color de los paisajes estivales.
Ya no tengo corazón,
ni inocencia, ni olvido,
se amotina en mí una fiebre carmesí.

Intento coser los hilos de mi origen,
a la sazón, la garganta se torna pedregosa
y estalla el reloj que con precisión es caída inclemente.
Cuando se trata de existir
sólo puedo hacerlo en el pasado.
El presente es espejismo,
follaje que me impide encumbrar la cara.
Sí, todo es estéril,
como lagartija con estrías bajo el sol me rindo,
mis pies trincados caminan sobre prímulas,
y soy yo la que se marchita
la fragilidad es hastío,
ante el diluvio lloro,
ante la luz candorosa,

ante la rudeza y la hostilidad
que me asolan desde niña.

Hundida en medio del pantano
ya nada importa,
me convierto en alimento para buitres.

Con cuánta minuciosidad contemplan mis sentidos la muerte

La boca instintivamente
recita sueños que no he soñado
y me miro en el espejo:
pocas reservas quedan,
muchas espinas clavadas en el cuerpo
y la vida sigue torcida durmiendo
como el viejo sauce de la plaza.

UN RÍO BROTA DEL CIELO

Un río brota del cielo de mis ojos,
las laderas de tu frío aliento
no son más que certeza que me gustaría borrar.

Ya no quiero jugar con tu fuego poético,
con tu tal vez, reino de la duda
que alarga los pasos en el silencio de tus pies,
con tus manos aquietadas y mi boca que retumba,
con la tarde donde soy sólo piel
que se deshidrata en tus sequías.

Debe ser la llovizna de nuestros agonizantes días,
o tus brazos, arco altivo que se levanta
entre diáfanas nubes y se aleja de mí.

Por mi alma desbaratada
entierro las penumbras de barro
en tus muros que son lienzo
en donde náufragos escriben como en libro abierto.
En las entrañas, guardo incrédula
todos los dolores del año para perder tus recuerdos.
He buscado ávidamente la sempiterna noche
y las mañanas de duermevela
para no sentir el incómodo vaivén
de las distancias que amagan con apagar
tu nombre.

CUANDO ABRAZO TU RETRATO

La mañana es un trozo de cal
para el anuario de mis brazos.
Vacilante salgo a caminar,
la calle es angustia viva,
            la incertidumbre en el corazón, el precipicio.

Aterrada regreso a casa, abrazo tu retrato,
se abre la puerta de la aurora primaveral
            olor del sosiego.

La imagen de tu cuerpo
se desdobla en mi pecho
y por los resquicios de la esperanza
eres viento
            que ahuyenta mis recelos.

CANTATA DE LO PERDIDO

Despierto intranquila
vencida por las consecuencias de las noches,
esas que cubrieron con musgo mi corazón.

Intento no pensar,

termino dibujando junto a la niebla tu rostro.
Como un cachorro
rasguño con las uñas cada centímetro de tierra
para enterrar tus huesos
mientras mis trémulos ojos
se funden en el calendario.

Si pudieran los sueños ser la llave que abre la fosa
en donde cada amanecer se arruga,
se asfixia y cae muerto mi gesto.

> Nunca he sido mi mayor amor,
> nunca me quise más a mí,
> soy yo quien acecha a mi propio corazón,
> un duende que ensombrece el arroyo que corre en mis venas.

¿Por qué en la blancura perfecta del día, ilusiones perdidas,
después tinta y papel?
¿Qué música me llevó a la torre del castillo?

¿Qué estremeció a mis primaveras?
…me enmohecí entre canallas afrentas.

Por si fuera poco, no sé esperar, leo las líneas de mi cara:
el mismo futuro, las mismas batallas, el amor que se va.

Todo es lamento,
mis ojos, dolor,
tu desdén,
tu sombra,
ola pesada para mis frágiles suspiros.

Nota disonante es pañuelo que seca mi cien.
Lo he entendido después de ver como se agitan
tus alas de ave migratoria, mientras a solas
resoplan los sueños que se agitan y se niegan.

NOCTURNO

Qué me aleja de la hoguera de tus tardes
cuando tu olor tiembla.
Por qué en las noches el viento de mis manos
que a la distancia se esparce por tu memoria,
no penetra tu cuerpo.

Cuándo se juntarán tus labios,
mi lengua, mi sosiego y nuestros lazos partidos.
Cuánto tiempo para tener tus brazos de nadador diestro
cruzando el puerto en el que me quiero enclaustrar.
Cuál es el camino entre tu sol y mi sombra
que no se achica o alarga para impregnarnos.

Por qué los gritos donde no existe más que fruición de ti
no llegan a ningún lado, no llegan a donde estás.
Cuál de tus caudales será para mi sed.
Cuántas pieles o tal vez pañuelos nos secaran el sudor.
Cuántos ojos para el llanto de no vernos.

Dónde sentarme a leer las páginas de tu sonrisa
sin que me duelan los huesos.
En qué juramento está la desdicha de nuestra suerte
y por qué la blusa llena de noches solitarias
y el día desabrochándome del mundo.

AUNQUE HUYA

En las madrugadas despierto
y puedo verlo detrás de las cortinas,
acechándome debajo de la cama,
dentro del armario.

Le planto cara,
él, la palpitación de mi pecho.

Con el rabillo del ojo, sigilosa
lo veo cincelar en las paredes su rostro
y sus brazos de sauce llorón por la gracia del viento
entran por el balcón.

Con un sólo pensamiento he regresado del sueño:
las tinieblas de sus besos penetrando mi cuerpo.

Intento volver a dormir, debo hacerlo sentada,
habría que huir con facilidad

pero se cierran todos los caminos,
creo que soy un colibrí

y él es el aire que azota mis alas
y las devuelve a la noche.

¿De qué me sirven las alas?
son el tibio bamboleo
de un mar sin olas,
tormenta sin viento que se posa
sobre su acantilado recuerdo.

HOY QUIERO SENTIRME TRISTE

Hoy quiero sentirme triste, piensa al amanecer,
se ve a sí misma sepultando las metáforas
que anuncian con esmero los últimos naufragios.

Nada parece nuevo, son las sombras de otras sombras.
Otros arrojos la han sobrecogido hasta el llanto.
¿Cómo no hacerlo? si ha sido bestia, granizo, mujer,

insolencia que atenta contra sí,
contra los retazos de su rostro doblado,

contra el desierto de su impaciencia
que no ha podido ser desandado.

Suficiente razón para castigarse,
para invocar la tristeza –sentencia–

para estremecerse mientras ve que llueve,
y en la fría orilla del bosque
el viento mueve la temblorosa rama de olivo
que le hiela la sangre.

¿Y qué más ha de sentir,
qué más ha de desear?

Dormida o despierta,
se ha entregado al vaivén de la tristeza,
a la melancolía que lleva ahí adentro,
que la acaricia, la consuela y pacta con ella,
siendo la tarde azulada su profundo testigo.

TU LENGUA

Tu lengua, estampida de aire
que cimbra de asombro mis hojas más mansas,
lamento que hirió a las palomas
que anidaban en la arboleda de mis manos,
breve instante que hace a la memoria su rehén,
sagaz aleteo que a su paso,
deja en mi cara surcos de tormento,
sus palabras como el granizo al jazmín,
destrozaron mi gozo.

A mí, sólo a mí que antaño implore su decir entre lágrimas.

No sería lo único que le negaría.
¿Debo pagar por eso?

Antes que centinela de su canto,
fui la luna que en sus noches se desvanecía
y muy antes, su lengua me vestía de mariposa.

Hoy en mi cansancio, un hálito de renuncia,
un creo merecer alegría,
no seré más el ropero que guarda el canto de tu afilado cuchillo
(ayer, canto dulce para mis necios oídos).
¿Cómo dudar de lo que se escucha si el anhelo es fuego a seguir?

Te has quedado ante mi sin tiempo,
sin resuello,
sin acción,
el día lluvioso ha helado tu lengua,

–hoy valle donde entierro las fantasías de ti–,

otoño que desgarra la dulce tela de soleadas tardes,
ventana donde se postrará el polvo de tu ausencia.

SUEÑO

Me basta mirarte en esa misma esquina,
en la del intenso desvelo,

en el mismo cuadrante psicoanalítico.

Ahí, sonríes,
        o simplemente callas y me observas
        como queriendo reconocerte en mí,
        como queriendo que me reconozca en ti.

Somos como dos extraños que se acercan,
se tocan con delicadeza buscando la memoria del tacto.

        La prudencia se impone

Recordamos quienes somos,
nos alejamos de nuevo,
lentamente como el rocío del campo,
viéndonos fijamente
para que no haya deseo de encontrarnos.

No somos nosotros, es el mundo el que nos detiene.

        Así me voy despertando
y siento que abrimos los ojos al mismo tiempo,
pero tú no recuerdas lo que soñamos.

PARA QUÉ

Infinito su cuerpo para el tiempo de mis dedos.
Habría que preguntarse para qué la mirada,
si mis ojos están ciegos de verlo.
Para qué aprender a cazar horas,
a desvestirnos y vestirnos,
si su cuerpo infinito
danza intermitente las estaciones.
Por qué sólo minutos
para filtrarme por sus poros
y segundos para abotonarme en su piel.

DESHOJANDO MARGARITAS

I

Hago serpentear
el humo del cigarro
con pequeñas exhalaciones,
se dibujan en el papel de liar
las manchas de mis intrincados pensamientos.
Acepto que no me gustan el regusto ácido de la nicotina,
pero su olor revolotea como alas de paloma blanca,
me hipnotiza y una soga dorada me atrae a ella.

A la distancia puedo verme a mí misma:
los dedos se estorban unos con otros
mientras juegan a escribir en la computadora.
Su carne blanda y amarilla se amaña
por el constante danzar sobre las teclas
y sobre ellas vuela el humo (caprichoso)
en círculos concéntricos,
en horizontal y vertical.

Reconozco ese temblor de los dedos desgastando las teclas,
el sobresalto, es más que aburrimiento.
Regreso al sillón a formar espirales de humo,

un buuuu, fzzzz, buuuu, fzzzz
estalla

en el tobogán de la garganta
y se pierden en los muros pulmonares.
Me divierto deshojando humeantes margaritas
y espero un me quiere de humo sobre la mesa.

Regreso al retozo de humear letras
y advierto que el olor de esas frágiles humaredas

me circulan y su olor parece ser un buen augurio.

II

Creo sentir que nos fumamos,
que nos quedamos dentro
–tu de mí y yo de ti–
y a la vez nos fugamos como el humo,
que después de fugarnos nos abrazamos
aunque nos arruine tanta nicotina.

Otras veces creo sentir
que de tanto inhalarnos y exhalarnos,
nos consumimos hasta ser cáncer,
pero nada importa porque seremos
humo detenido en nuestras bocas.
Me pregunto:

¿Y sí no hubiera paquetes de cigarros que alcancen
para morirnos juntos?

¿Si el mundo se hiciera pequeño para buscar nuestro tabaco?

¿Buscaríamos en cada rincón todo lo fumable?

¿Y si después de fumarnos descubrimos que somos
por fin bachicha?

¿Nos apagaríamos tiernamente el uno al otro?

¿O nos dejaríamos morir, así, sin morirnos,
mientras deshojamos humeantes margaritas?

Por ahora bastaría saber,
si un día al fumarnos,
seremos humo detenido en nuestras bocas.

SIN TI

I

Me entristece el perfume de la tarde,
el silencio de las flores,
el dolor de las dichas,
me entristece todo cuando no estás.
Me entristece el poco sueño,
la blancura de tus ojos,
las lágrimas de tus sombras.
Me entristece el campo,
el crujir del aire,
este empeño,
este sabor,
me entristece definitivamente
que no tengas mi cintura.

II

Me entristece mi imposibilidad para llamarte,
para susurrarte dos o tres veces,
dos o tres días de mi impaciencia
del nítido recuerdo de tu dulce imagen frente a mí.
Me entristece nuestro caminar,
nuestros cruces,
aunque esporádicos, lúcidos,

nuestras miradas fantasmales y penetrantes,
nuestras manos que dicen todo
y hacen nada.

AUSENCIA

Quién será mi interlocutor si te has ido.
Me sobran las palabras,
me devora el sinsentido.

Contigo,

amén del néctar de vinos elegidos,
las palabras fluían
como mariposas en cultivo;
mi deseo iracundo surcaba
el delta de tu íntimo secreto.
Ahora que te has ido,

¿qué significado tiene el árbol florido?

TETRALOGÍA DE SOLEDAD

I

El vendaval está quieto, duerme sobre tu cuerpo,
sobre mi tierra seca descansan tus pies.
Un rostro se embellece para ti:
son mis sueños cicatriz de felicidad.
En ese espejismo imagino mi aridez
y con ella tu río.
Yace la noche
            y nadie husmea mi suerte.

II

Desnuda, en soledad decrépita,
frente al trémulo cristal,
mi menguada impavidez
arrulla el dolor.

III

En mis silencios y razones
pesan los impulsos.
Sostengo día a día
la historia de impías peripecias,
torpe navego en la pesadez de mis sombras.

IV

Menesteroso corazón
de un extremo a otro
reptas en tu madriguera.
Sumisión primigenia,
remembranza que palpita.
Menesteroso corazón,
agonizante urdo
los mechones palidecidos
de tus arterias.

RECETARIO

No estaba segura del resultado final,
intuí un triunfo concluyente,
una ráfaga de luz
para tantos años de frustraciones,
de condescendencias toleradas.

Seguí instrucciones del recetario
escrito a lo largo de la vida,
repasé sus apretados renglones
con una desazón
puesta en el centro del estómago.

Con ingredientes a mano,
me dispuse a convertir en filamento
un material tan volátil
e insurrecto
como es mi granuloso camino,
para fundirlo en el fuego
de todos los días.

SIN EMBARGO

Siento tu ausencia en toda la ciudad,
en todos mis pasos,
en toda mi lucha.
Siento tu respiración,
cuando me quedo frente a nuestros recuerdos;
cuando llueve y no me mojo
por temor a desvanecerme,
cuando la oscuridad es mi universo
y me reconozco sola,
cuando la fugacidad tiene ojos
y ningún oído,
cuando al final de los días
mi voz se queda sin eco,
cuando mi imagen no tiene rostro,
ni color,
cuando las horas,
no contienen más que segundos…
Sin embargo,
siento tu cuerpo,
cuando temo que mis partículas
se difuminen en la nada,
o se pierdan
en cualquier calle baldía.

AVE DE LAS ALAS SIN TIEMPO

Eres metáfora del vuelo
y se te mira apacible
como trigal que mueve el aire de invierno.
A pesar de mi ruego,
abates tus alas y te pierdes lejos.
Me pregunto si en lontananza,
entre bosques de mesura
y flores que evocan el encuentro,
reinventas mi recuerdo.
Me inquieta saber
si en la implacable estrechez del silencio,
destellos de mi ansioso cuerpo
te hacen posible remontar el vuelo,

ave de alas sin tiempo

Ave de las alas sin tiempo,
dale sosiego
a esta errante buscadora de tu sendero,
devuélveme la gracia esperanzadora de siquiera
mirarte en lo alto del cielo.

PRECIPICIO

Hemos de ser más que equilibristas
en el precipicio de nuestro querer.
Con los destellos del cristal, nos coloreamos
menta, jade, aguamarina.

No es necesario decirnos todo lo que ha sido preciso
dejar en el camino
para no tener hambre de olvido,
ni cerraduras,
ni vigilantes,
para que los calabozos se queden con la suciedad dentro,
pero tú y yo a salvo.

Ya no hacen falta esconder los pies
para evitar que sean cortados con hacha o bisturí,
no hace falta aislarnos en cuevas de polvo y humo,
no es necesario llorar como niños
porque alguna vez se lastimaron nuestras alas.

II

CÓMO NO ESCRIBIR AHORA

Me has aconsejado que no escriba más,
que no escriba al amor
amor nuestro, amor temeroso,
cuidadoso amor.

Me has aconsejado que no escriba al amor
cuando palpitan incidencias
y eres carne de mí,
muerte de mí,
instinto de mí,
braza,
fuego y hogar.

Tanto me has aconsejado,
pero ¿qué hacer?
si como aura glaseada
tu amor se agolpa en mí
selvático, oceánico, profuso…
mientras tú y yo
triunfantes emergemos
en medio de la atroz humanidad.

Me has aconsejado que no escriba más,
que no escriba al amor.

Cómo no escribir ahora
cuando reímos a solas bajo las aguas,
bajo la descarga de relámpagos entre sábanas,
con las manos enredadas
y nuestro corazón turgente como el alba.

Me has a-con-se-ja-do...
cuando dormimos como bulbos
para amanecer gladiola,
o lirio de mañanas olorosas.

LLUEVE Y TE PIENSO

Llueve y te pienso,
cuando se llena el aljibe
de nuestros íntimos recuerdos
toda tuya te pienso:
cuando al cruzar el jardín nos entregamos
o aquel instante que fustigamos
el impasse,
los desvelos.

Desde un rincón coronado por la verja
vimos que se llenaban los rincones de nuestra casa vacía.
Fue bueno darnos cuenta que existe la dicha,
fue bueno encontrarnos y mirarnos.
Han visto tan pocos nuestros nimios días,
tanto se han truncado nuestras ganas en cada despertar.

Hemos aullado oraciones y versos
que nadie corea,
que nadie cree.

Tal vez quienes nos miran
desconocen que buscamos caminos anchos
en donde jugar a guardarnos,
a entrelazarnos con afonías,
para labrar y luego
borrar con letras el mundo.

GRITOS

Con frecuencia me asalta la torpeza
y grito versos sin sentido,
quiero creer que no pasa nada cuando murmuró
que el oleaje de mi pecho
es la tempestad que se estrella
en su roca marítima:
irrumpen millones de burbujas que nos abrazan,
plantones y larvas nos acogen
                        en las más profundas cavidades.

Cómo olvidar que nos debatíamos
entre el hechizo de algodonados cielos
y el asfalto indescifrable que recorro y doblo
en su arquitectura humo, polvo y ruidos.

Él era el bosque que se encrespaba bajo mi piel
dejándome impregnada
de sus hectáreas de roble fino,
            de su boca sol,
                        sus labios planta,
                                sus labios tierra,
                                        sus labios frontera.

Puedo gritar esta noche
que ya no somos los mismo
que todo parece poco,

ahora me quiere y lo quiero,
su estancia citadina me hospeda,
me anida,

duermo

y sueño

con la quietud de su regazo calle,
templo,
rugido

y nos arrullamos con el insaciable apetito de abrigo.

RECUERDO

No olvido que me parecía traer
todo el mar sobre el pecho
y peinaba mi cabello para tu noche.
Sé que la luna estaba sobre el mar,
cantaba tanto
que el agua esparcía su sinfonía
sobre nosotros.

No olvido que en el vino tinto, tus labios,
el sol, el brillo de tus ojos,
el verde del campo,
tierno amanecer contigo
y en tu respiración,
el filo del amor.

No olvido que a tu tierra fértil,
mi abundancia se desbordada en ríos sobre ti.

Cómo olvidarte si en cosas terrenales
 eres mi único recuerdo.

DESDE HACE DÍAS

Desde hace días despierto pensando
que no debería quererte tanto,
pero me invocas como al vino
y siempre quieres más
hasta que te recuerdo
que le hace mal a tu malestar.

A veces, ¡en serio!
creo que no debería quererte tanto
para salir de tu telaraña,
para borrar la imagen
donde gravitan tus arranques infantiles
que son dios de mis humeantes ojos,
éter de mi altar,
enardecida lluvia.

Otras veces despierto convencida,
me dispongo a no quererte,
pero tu brazo que abraza,
tus labios que salvan,
tus pies que desnudan,
tu ombligo atrapa pelusa,
me matan,
avivan el alma,
¡mi alma¡
cuando apresurado

arreglas la casa,
perfumas la cocina,
para que yo,
rompa tú aire,
me ocupe de la falda a rayas,
y a tientas
me coloque las medias negras
y el collar de perlas.

VUELO

Sin mediar promesa
se encuentra mi sosegada añoranza,
en el incesante intercambio de letras,
en el entusiasmo de las horas
que patenta un nosotros.

El reloj agranda cada segundo
hasta que se evapora
la última gota de tu cuerpo.
Aunque volar con lengua da sed,
somos pincel y pergamino antes que piel,
verbo a verbo nos nacen las alas
y entre plumas y sueños,
un duelo de abismos, refugio fiel.

Me seduce lo no dicho de tu boca,
tu no nombrarme,
tus aleteos de gelatina,
tu no excusarme,
tu no llamarme en la geografía de tus adentros
(reflejo de mis deseos)
en la zigzagueante pista de aterrizaje
donde me lanzo al vacío
y mientras caigo,
estoica y contemplativa
veo como te enjugas de mí
llevándome dentro.

SILENCIO

Cuando llego a casa y apago la luz
mi desnudez florece bajo las sábanas,
una lluvia de meteoros
convertidos en recuerdos,
cuentos y fábulas le dan vida a las auroras
y entre todo ese ritual
        estas ahí,
        sin moverte,
        sin hablar,
        simplemente
llenando mi corazón con tu silencio.

Otros días llego a casa,
los segundos se unen con mi avidez
y me lleno de ti
escanciando tu sonrisa.

A veces consigo dormir
y al abrir los ojos el tiempo se detiene
porque sigues ahí,
        contemplándome,
        humedeciéndome,
        dibujándome en braile
y aunque todo esto me pasa
        te sigo extrañando...

SI FUERA LA MAÑANA

Si pudiéramos dibujar
lo que nuestras memorias
guardaron del nosotros simétrico,
si pudiéramos ser más que jungla o coliseo,
si nos encontráramos en arenas movedizas
y entre un limbo silencioso,
los cuerpos en la cama,
fueran más que cuerpo.
Ese rumor te alcanzaría furtivamente,
si quisieras entrar conmigo en esa fosa prohibida,

y si fuera yo

la mañana ventosa que agita al mar.

SEGUNDO CÍRCULO DEL INFIERNO

Se agranda la ventana
y en los bordes
aún se columpia un pedazo de luna;
vencemos los escudos del tiempo
para indagar

una a una nuestras esquinas.

Entre tinieblas,
el tu y yo geométrico
de la tibia carne,
palmo a palmo se debaten.

Entre aliento y aliento,
maquinaria imparable son los labios,
tan insondables como el tornado
que alimentamos a cuatro manos
y todo nos arrastra a un negro,

negrísimo deseo,

que hasta podríamos derretirnos
en el segundo círculo del infierno.

VERBO DE INFANCIA

Ayer apreté los ojos para saberme niña,
cuando llegó el sueño
me columpié en el sudario de la luna,
entre refulgentes muros de su río plateado.

Fui mimetizado *continuum*
con el lila de las orquídeas,
de aquellas que brillan
si las acaricia el sol.

Desdoblé con las palmas la lluvia,
aderecé horas con azahares
de los limoneros,
fui piélago cuando el silencio
penetrante del trueno
rompió mi pulso
con sus destellos.

VITAL

Hoy te veré desnudo,
resplandeciente,
te veré templado
como la luna de otoño
–la más altiva–

Aspiraré tus estelas de sal,
tomaré de tu cuerpo la arena
para saberte,
para perpetuarte
en mi marítimo corazón
cuando se asome el sol.

Al ritmo de tus frenéticos giros
tocaré tu centelleo,
y arrancaré los escamas de mi corazón
con tu aterciopelado aliento.

Hoy estaré
cuando tu eclipse
se convierta en amarre o hiel
y al fin sabré cómo desnudas
al más infiel de mis espejos.

TÚ

Yo
que no tenía nada que perder
como un cometa emprendí el vuelo,
la lluvia de la inseguridad
esta vez no viajó conmigo.

Yo,
un dibujo precario que no buscaba nada,
colisioné con el frenesí de tu amor.
En mi volcán derramado por ti
no te agitas,
no te desdibujas,
ni te descompones.

Tú,
que despiertas a la medusa
que anida en mi vientre,
escondite donde disfruto del cenit,
isla de arena donde airosa desembarco.

Tú,
itinerante barco de cera,
Nochebuena adornada
con violetas y azucenas.

DESCUBRIÉNDOTE

Cuéntame tus lunares,
cuéntame tus secretos,
cuéntame tu desnudez,
tu transparencia
cuando te enfrentas
a tu piel en la penumbra.

Cuéntame el sentir de tus manos
rozando la cubierta de tus pensamientos
cuéntame qué pasa en tus espacios,
en tus desayunos,
con la inmutable pared
llena de inefables frases.

Cuéntame una de estas noches tu camino
y el valor con que lo enfrentas,
pero sobre todo,
cuéntame lo que amas.

ESPERA

Aire lívido sobre desiertas autopistas,
vendaval que da vida
a gigantescas palpitaciones:
premonición de un nuevo paraíso.

¡No alumbra linterna alguna!
Instintivamente aguijoneo los nervios,
despierta el pensamiento
y mi cuerpo excitado
es una r a t o n e r a.

BREVEDAD

Tengo una intensa inmediatez,
tensión de deseo entre deseos,
migajas de vivencias sobre el piso
en áridos días de poeta en el desierto.

Y en el tedio…
la crónica espinosa del tiempo:
tormenta, medusa,
casa solariega
donde resuena la lentitud de un respiro.

Y el tiempo…
reparo a vuelapluma
entre infinitos minutos
trocados en líneas oscilantes y porosas
que me hacen estar mano a mano con el olvido,
desenterrar verdades,
quemar hojas secas,
crepitar bengalas,
bordar identidad,
forjar, forjar, forjar…

ÁMBAR

Dios creando el alba,
creo tu rostro:
luz crepuscular,
que se acomoda en el centro de mi cuerpo
y lo tiñe de coral.

A la hora de las hadas
cuando el lobo aúlla a la luna
llegas a mi como ratón a su hoyo,
dulce fruto,
suave piel para mi animal crepuscular
y me convierto en Afrodita.
Tu belleza de Adonis es la llave del cofre
en donde nuestros labios, sigilosamente,
a contracanto, como lava crepitante
se funden en almas de cristal.

Ámbar tenue,
laberinto de espejismos,
aguijón, eco, polen iracundo
que penetra mi humeante montaña,
alborada que resuena como violín
y arde como pira en mi caverna.

LA BRISA DE TUS OJOS

En el refugio de las horas,
sentiré la brisa de tus ojos.
Dirás la he dejado allí
para que los sigas a esta morada verde:
engalanada contemplación botánica.

Mi yo criatura mirará al cielo,
verá caer la brisa de tus ojos,
empaparás mis valles y avenidas.
Como el azafrán para la madrugada
serás alegoría que aviva
la arcilla de mis celadas llamas.
Brotaras diáfano,
balsámico
y cual céfiro de verano
te ingiero a bocanadas.

IMAGINARIO

A paso de dos
en una semioscura alcoba,
a paso de tus manos
contándome tu vida.
A paso de dos
puedo tocar tu piel bajo las sábanas.
A paso de dos,
corriendo letras,
respirándome.
A paso furtivo
entre tus manos
y mi espalda,
entre tu cuerpo,
mi diálogo
y tus oídos.
A paso de dos
podemos trocar el tiempo
y recostar el alma
sin importar el mañana,
podemos dormir,
si quieres
tú con tu cansancio
y yo con mi pluma.

Sobre la autora

Karina Lizeth Chávez Rojas. Escritora y crítica literaria. Es doctora en Arte y Cultura y maestra en Enseñanza de la Historia por la Universidad Michoacana de San Nicolás de Hidalgo, como parte de sus estudios de Doctorado recibió la Medalla al Mérito Universitario "Dr. Ignacio Chávez Sánchez". Como becaria del CONAHCYT, ha realizado estancias de investigación en la Facultad Latinoamericana de Ciencias Sociales (FLACSO), en Buenos Aires, Argentina y en la Universidad Nacional de Uruguay.

Es autora del libro de poesía Resiliente (Universidad de Ixtlahuaca, Morevalladolid y PALENQUE).

Fue ganadora del Encuentro de poetas y narradores "José Rubén Romero 2024", cuyo texto se publicó en: "Raíces a una sola voz. Antología. Antología Literaria FILIT 2024" (Gobierno del Estado de Michoacán, Licántropo Editorial).

Como investigadora, ha publicado diversos artículos en revistas arbitradas y capítulos de libros para instituciones como la Universidad de Guadalajara, La Universidad Autónoma Metropolitana, La Benemérita Universidad Autónoma de Puebla, la Universidad Michoacana de San Nicolás de Hidalgo, La Universidad de Guanajuato y la Universidad Centro Latinoamericano de Economía Humana de Montevideo, Uruguay. Sus líneas de investigación refieren a la historia y rasgos del cine indígena y cine en general, sociosemiótica, pedagogía, teoría crítica, arte y estudios culturales, así como la relación del cine con la educación.

Ha publicado cuentos y poesía en los suplementos culturales "Vuelta de hoja" del periódico *la Jornada*, "Letras de cambio" y la revista *ANACRONÍAS*, además de participar como jurado en certámenes de poesía, festivales de cine y dictaminadora de promotores y proyectos indígenas ante el Instituto Nacional de los Pueblos Indígenas y el programa de Coinversiones para las artes de CONACULTA.

Ha sido comentarista de libros literarios y académicos, entre ellos: *La imagen presidencial en México: Retratos desde el poder (1895-1952)* (UDIR-UNAM); *Los Otros Cuentos, Relatos del Subcomandante Insurgente Marcos* (Organización Solidaridad con Chiapas, en Buenos Aires, Argentina); *Ilocalizables* de Rodolfo Gamiño Muñoz, (Ediciones Navarra); *Mangle negro* de Pilar Rivero-Dela Garza, (Editorial UANL); y *Cuento y poesía P'urhepecha* de Ismael García Marcelino (Secretaria de Cultura de Michoacán).

En el Gobierno de Michoacán, se ha desempeñado como Directora de Información y Prensa y coordinadora de Difusión Cultural, Educación Continua y Publicaciones de la Universidad Intercultural Indígena de Michoacán (UIIM). Ha sido miembro del Comité Organizador del Festival de Video y Cine Indígena de Michoacán.

❋

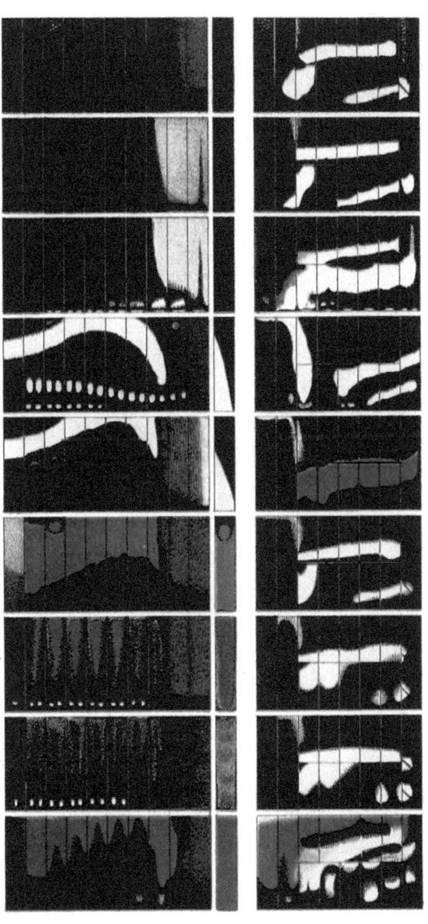

2025
Impreso en Buenos Aires,
Buenos Aires Poetry
www.editorialbuenosairespoetry.com

www.ingramcontent.com/pod-product-compliance
Lightning Source LLC
LaVergne TN
LVHW091619170726
843492LV00007B/2510

* 9 7 8 6 3 1 6 6 8 8 0 2 6 *